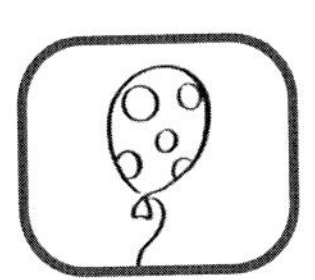

Inhaltsverzeichnis

Vorwort

Liebe Erzieher*innen,

Mit ihren roten Flügeln und den kleinen schwarzen Punkten sind Marienkäfer einzigartig und leicht zu erkennen. Fast jedes Kind hat schon einmal einen Marienkäfer auf der Wiese, im Garten oder in einer Fensterritze entdeckt. Die kleinen Krabbelkäfer sind beliebte Tiere und gelten als Frühlingsboten und Glückskäfer. Auch bei Gärtner*innen sind sie gern gesehen, da sie Blattläuse fressen. Es gibt viele Mythen um den Marienkäfer. Besonders hartnäckig hält sich der Irrglaube, dass die Anzahl der Punkte das Alter des Marienkäfers verrät.

Marienkäfer gehören zu den Insekten. Insgesamt gibt es über 70 verschiedene Marienkäferarten bei uns. Der Siebenpunktmarienkäfer ist der häufigste heimische Marienkäfer. In den letzten Jahren hat die Population des Asiatischen Marienkäfers stark zugenommen. Ursprünglich wurde diese Art aus Asien nach Europa eingeführt, um in Gewächshäusern Blattläuse zu bekämpfen. Dieser Marienkäfer lebt inzwischen aber auch in der freien Natur und hat sich in den letzten Jahren stark vermehrt.

Mit diesem Projekt beschäftigen sich die Kinder intensiv mit dem Marienkäfer. Sie erfahren, dass man an der Anzahl der Punkte die Marienkäferart erkennen kann und sie lernen die Körperteile des Käfers kennen. Durch spannende Beobachtungsaufgaben können die Kinder aktiv-entdeckend erfahren, wie Marienkäfer sich verhalten und fortbewegen.

Darüber hinaus gibt es rund um den Marienkäfer Angebote zum Basteln, Singen und Spielen sowie ein Rezept. So werden die Kinder anhand dieses Themas spielerisch auf vielfältige Weise gefördert und die verschiedenen Bildungsbereiche werden abgedeckt.

Ich wünsche Ihnen und Ihrer Gruppe eine tolle Krabbelkäferzeit!

Svenja Ernsten

Hinweis: Liebe Fachkraft, wir möchten in unseren Materialien niemanden benachteiligen oder diskriminieren. Daher nutzen wir unter anderem das Gendersternchen, um alle Geschlechter anzusprechen. Auf Arbeitsblättern für Kinder verzichten wir jedoch aus Gründen der besseren Lesbarkeit darauf und nutzen weiterhin entweder die „neutrale“ Form oder Doppelformen. Selbstverständlich sind stets alle Geschlechter gemeint.

Vorbemerkungen

Zu den verwendeten Symbolen

Hauptkategorien:

Rund um den Marienkäfer

So sieht der Käfer aus

Wie lebt der Marienkäfer?

Käferforscher

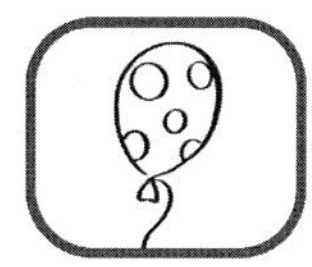
Wir feiern ein Marienkäfer-Fest

Bildungsbereiche:

 Sprachliche Bildung

 Musikalische Bildung

 Ästhetische Erziehung

 Umwelt-, Sach- und Naturbegegnung

 Gesundheit und Ernährung

 Mathematische Bildung

 Wahrnehmung und Entspannung

 Körpererfahrung und Bewegung

Tipps und Anregungen zu den Angeboten

Die einzelnen Angebote sind nicht nach Bildungsbereichen, sondern nach Themen sortiert. Die Aufgaben können meist in beliebiger Reihenfolge bearbeitet und vielfältig miteinander kombiniert werden. Natürlich können auch nur ausgewählte Angebote eingesetzt werden.

Die „Sachinformationen für die Erzieher*innen":

Die Sachinformationen dienen für Sie als Hintergrundinformationen, sodass Sie mögliche Fragen der Kinder gut beantworten können. Je nach Interesse und Aufmerksamkeit der Kinder können sie bestimmte Aspekte zum Thema gemeinsam genauer besprechen.

Zu: „Der Marienkäfer ist ein Insekt", S. 10:

Mit Hilfe dieses Arbeitsblattes lernen die Kinder, dass der Marienkäfer zu den Insekten gehört und dass alle Insekten sechs Beine besitzen. Benennen Sie gemeinsam die anderen Insekten (Fliege, Biene, Ameise, Grashüpfer, Maikäfer und Libelle) auf dem Arbeitsblatt.

Zu „Die Entwicklung des Marienkäfers", S. 21:

Dieser Legekreis zeigt die Entwicklung des Käfers. Die Kinder schneiden die Teile aus und setzen das Puzzle wieder richtig zusammen. Es kann auf ein weißes Blatt geklebt werden. Zur besseren Haltbarkeit können die Teile auch laminiert werden. So kann das Puzzle immer wieder von verschiedenen Kindern zusammengesetzt werden.

Vorbemerkungen

Zu „Die Entwicklung des Marienkäfers", S. 21:

Sachinformationen für die Erzieher*innen: Nach der Paarung legen viele Marienkäfer ihre Eier auf der Unterseite eines Blattes ab (1). Aus den Eiern schlüpfen kleine Larven (2), die sich von Blattläusen ernähren (3). Dann verpuppt sich die Larve (4). Schließlich schlüpft der Marienkäfer aus der Puppe (5).

Zu „Einen Marienkäfer beobachten", S. 27:

Die Bilder sind Impulsbilder und geben den Kindern Anregungen zu Beobachtungen eines Marienkäfers. Betrachten Sie die Bilder zunächst gemeinsam. Besprechen Sie mit den Kindern, dass sie sehr vorsichtig mit den Marienkäfern umgehen müssen. Erklären Sie, dass die Käfer, wenn sie sich bedroht fühlen, ihre Fühler und Beine an den Körper ziehen und sich tot stellen. Die Kinder können den Käfer mit einer Lupe beobachten. Sie können ihn über ihre Hand, einen Grashalm oder auch einen Bleistift krabbeln lassen oder ihn auf die Fingerspitze setzen und dann dabei beobachten, wie er abhebt.

Lassen Sie die Käfer nach der Beobachtung gemeinsam mit den Kindern frei.

Zu „Marienkäfer-Kekse", S. 33:

Bitte achten Sie auf mögliche Lebensmittelunverträglichkeiten bei den Kindern. Auf dem Rezept finden Sie auch Hinweise für eine glutenfreie und laktosefreie Variante.

Zu „Marienkäfer-Fest", S. 36:

Das Marienkäfer-Fest kann gut zum Abschluss des Projektes durchgeführt werden.

Es eignet sich hervorragend dazu, den Eltern einen Einblick in das Projekt zu geben und Ergebnisse zu präsentieren.

Literaturtipps / Musik / Internetadressen zu Marienkäfern

Kinderbücher:

Häfner, Carla: „Meine Gartenfreunde. Der kleine Marienkäfer." Oettinger Verlag 2022.
Kainzbauer, Anita: „Pedro, der kleine Marienkäfer." Engelsdorfer Verlag 2020.
Langhorst, Eva: „Erst kommt der Sonnenkäferpapa ..." Eulenspiegel Kinderbuchverlag 2015.
Oftring, Bärbel: „Schau mal, ein Marienkäfer!" Gerstenberg Verlag 2019.
Tracqui, Valerie: „Meine große Tierbibliothek: Der Marienkäfer." Esslinger Verlag 2021.

Musik:

„Erst kommt der Sonnerkäferpapa", das Käferlied von Simone Sommerland, Karsten Glück und die Kita-Frösche: „Die 30 besten Spiel- und Bewegungslieder 2", Universal Verlag 2012.

Internetadressen:

https://miniklexikon.zum.de/wiki/Marienkäfer
www.digital-nature.de/tierwelt/insekten/coccinellidae/marienkaefer.html
www.kindernetz.de/wissen/tierlexikon/steckbrief-marienkaefer-100.html
www.kidsweb.de/kaefer_spezial/kaefer_spezial.html
www.gartenjournal.net/marienkaefer-anlocken

Kleiner Käfer

ab 2 Jahren

Melodie: traditionell nach „Bruder Jakob“ (Kinderlied 18. Jhd.)
Text: Svenja Ernsten

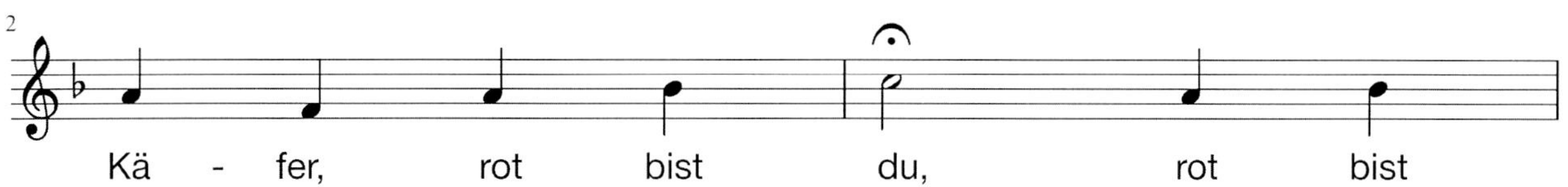

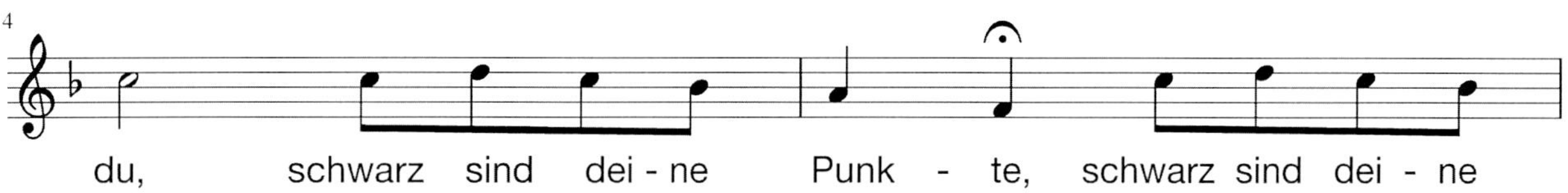

Hinweis:
Dieses Lied eignet sich gut als Einstieg, da der Text sehr einfach ist. Singen Sie den Kindern das Lied zunächst vor. Dazu können Sie die Fingerpuppe (s. S. 6) zeigen. Danach singen die Kinder mit. Abschließend können die Kinder selbst eine Fingerpuppe basteln.

Marienkäfer-Fingerpuppe

ab 3 Jahren

Material:

Kopiervorlage „Marienkäfer-Fingerpuppe“ (s. u.), schwarzer und roter Tonkarton, Schere, pro Kind 6 schwarze und zwei weiße Knöpfe, Bastelkleber, 1 Prickelnadel pro Kind, evtl. 1 Nagelschere, weißer Stift, Plüschdraht, Heißkleber

Vorbereitung:

Der große Kreis und der kleine Kreis werden auf schwarzen Tonkarton übertragen. Der Halbkreis wird zweimal auf roten Tonkarton übertragen.

Arbeitsanleitung:

1. Die Kinder schneiden die Vorlagen aus. Sie stechen die Löcher für die Finger mit einer Prickelnadel aus oder Sie schneiden diese mit einer Nagelschere aus.
2. Die Kinder kleben jeweils drei schwarze Knöpfe auf die roten Flügel.
3. Auf den Kopf werden die weißen Knöpfe geklebt und ein Mund aufgemalt. Befestigen Sie die beiden Plüschdrahtstücke mit Heißkleber.
4. Alle Teile des Marienkäfers werden mit Bastelkleber aneinandergeklebt.

Kopiervorlage „Marienkäfer-Fingerpuppe“

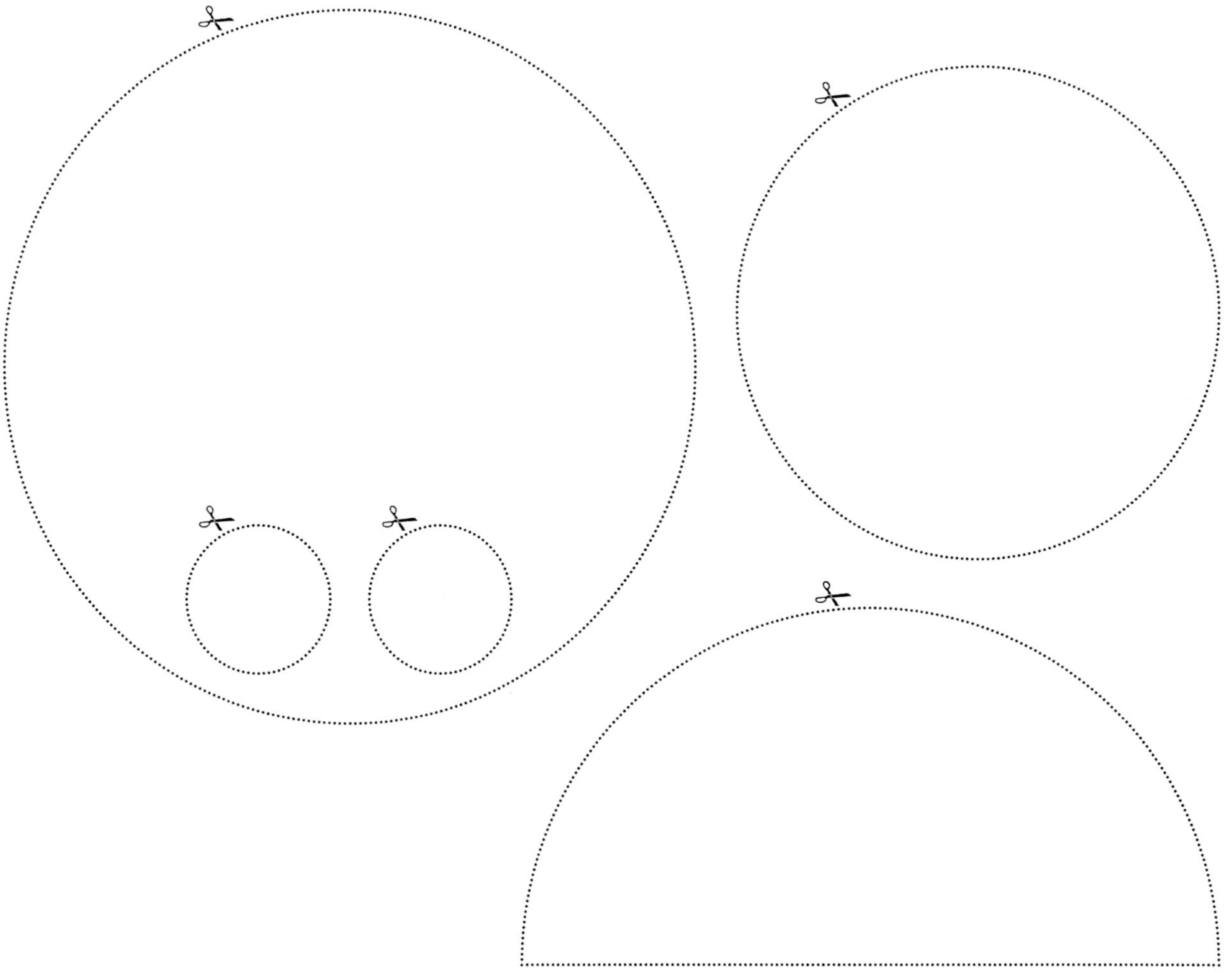

Marienkäfer-Wiese

ab 3 Jahren

Material:
weißes Papier in DIN A4, buntes Tonpapier, grüne und rote Wasserfarbe, Schwamm, Pinsel, schwarzer Filzstift

Vorbereitung:
Jedes Kind bekommt ein weißes Papier, grüne und rote Wasserfarben, einen Pinsel, einen Schwamm und einen schwarzen Filzstift.

Arbeitsanleitung:

1. Das Kind trägt mit einem Pinsel grüne Farbe auf den Schwamm auf und tupft mit diesem die Farbe auf das Papier.
2. Wenn die Farbe getrocknet ist, taucht das Kind seinen Zeigefinger in rote Farbe und druckt seinen Fingerabdruck mehrmals auf das Blatt.
3. Mit dem schwarzen Filzstift malt das Kind jeweils einen Kopf, Fühler und Beine an und Punkte auf die roten Körper. Bei jüngeren Kindern können Sie helfen.
4. Abschließend kann das Bild auf buntes Tonpapier geklebt werden.

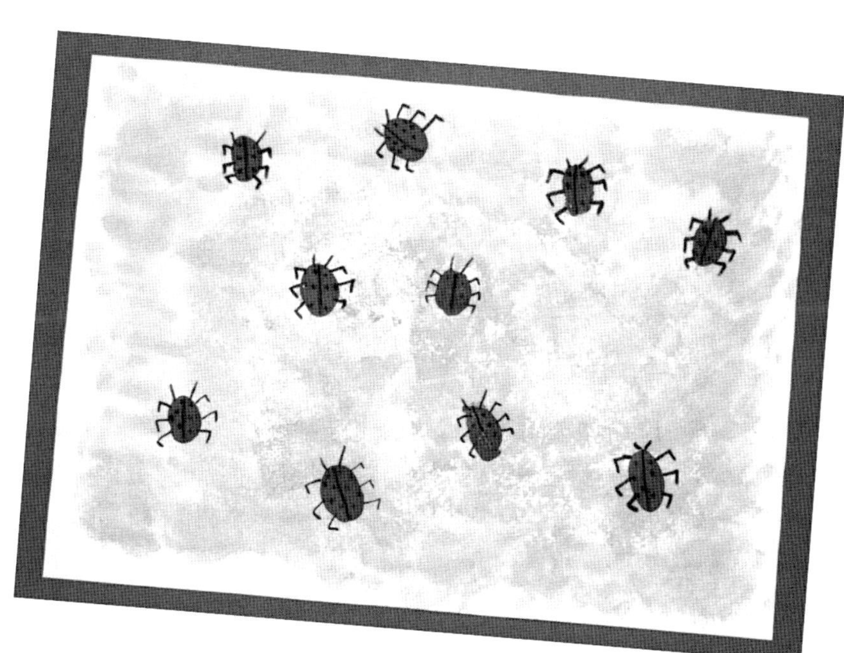

Hinweis:
Das Bild kann auch als Gemeinschaftsprojekt gestaltet werden. Dabei tupfen einige Kinder zunächst grüne Farbe auf das Papier und anschließend druckt jedes Kind einmal seinen Fingerabdruck auf das Papier.

Käfer-Würfelspiel

ab 3 Jahren

Material:
Kopiervorlage „Käfer-Würfelspiel" (s. u.), Würfel, 20 (schwarze) Knöpfe oder Muggelsteine pro Kind, evtl. rote Stifte, Laminiergerät und -folie

Vorbereitung:
Die Vorlage wird kopiert. Die Kinder können den Körper rot anmalen. Der Käfer kann anschließend zur besseren Haltbarkeit laminiert werden.

Arbeitsanleitung:
Jedes Kind legt seinen Marienkäfer vor sich ab. Die Knöpfe oder Muggelsteine werden auf den Tisch gelegt. Es wird reihum gewürfelt und die jeweilige Anzahl an Knöpfen oder Muggelsteinen auf die Punkte gelegt. Das Kind, das zuerst alle Kreise belegt hat, hat gewonnen.

Kopiervorlage „Käfer-Würfelspiel"

Erst kommt der Marienkäfer-Papa

ab 2 Jahren

Melodie: traditionell nach Georg Semper (1880–1951), Text: Svenja Ernsten,
abgewandelt nach „Erst kommt der Sonnenkäferpapa“ von Else Marie Bülau (1913)

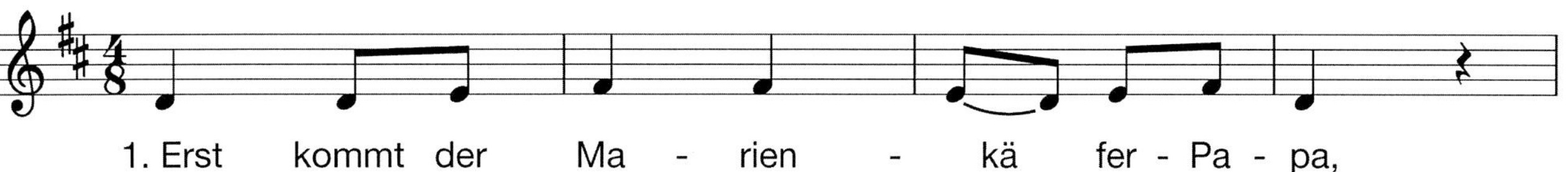

2. Alle haben rote Röckchen an
mit schönen schwarzen Punkten dran.
So machen sie den Spaziergang
auf unserer Fensterbank entlang.

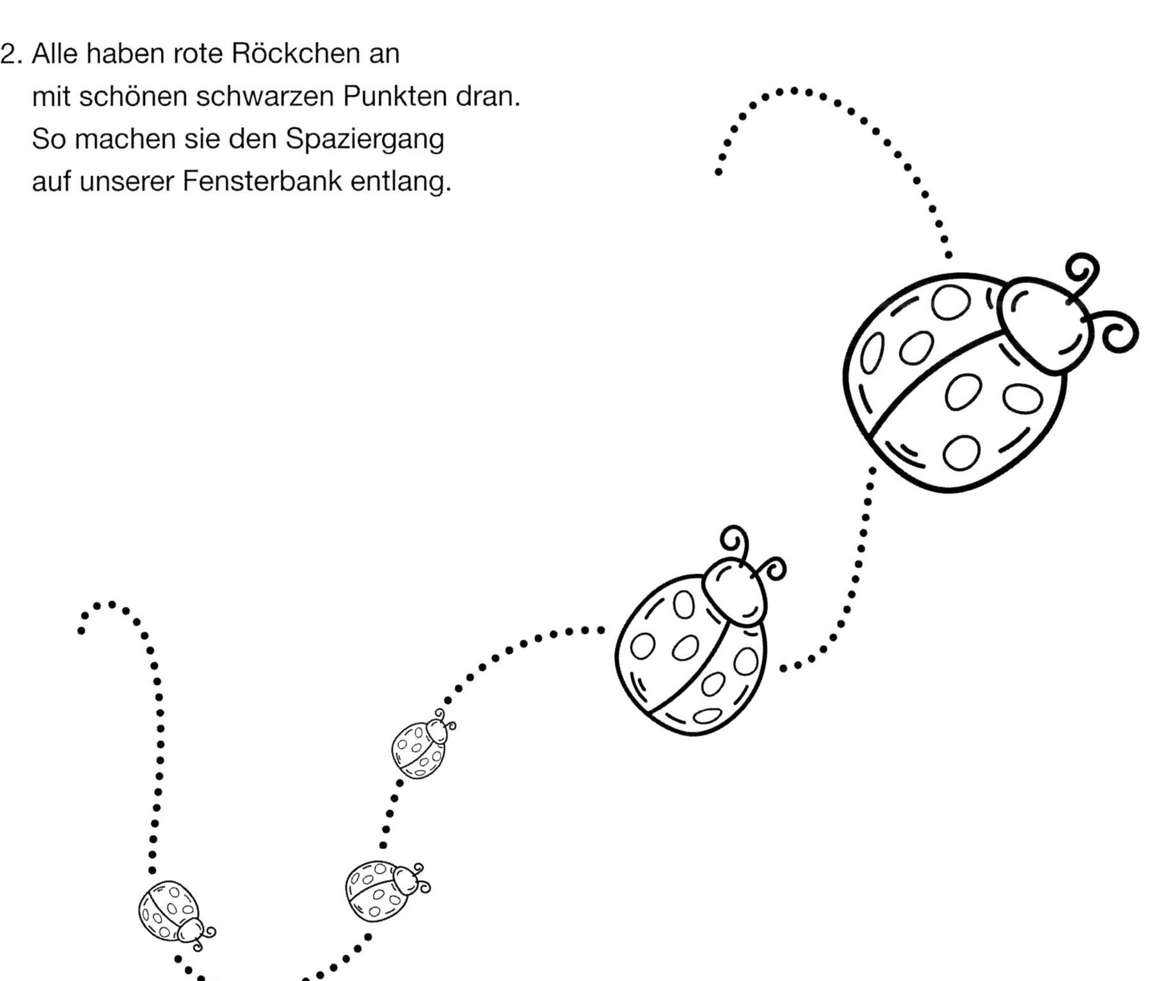

Der Marienkäfer ist ein Insekt

ab 4 Jahren

Insekten haben sechs Beine.

Schaue genau. Male alle Tiere mit 6 Beinen an.

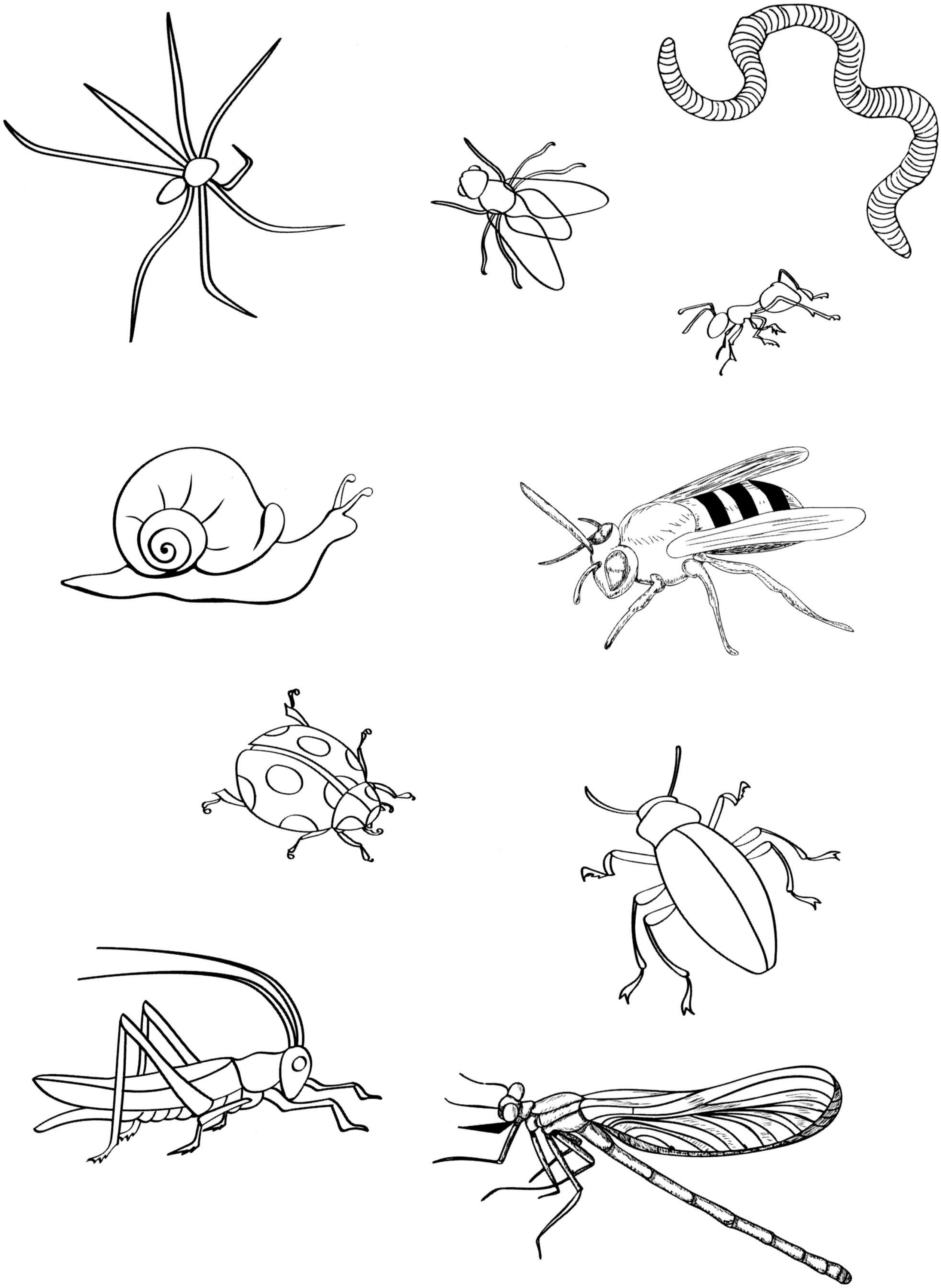

Körperteile des Marienkäfers

ab 3 Jahren

Material:
Kopiervorlage „Marienkäfer" (s. u.), farbige Bildkarten Marienkäfer (s. Farbbogen in der Mitte)

Vorbereitung:
Die Vorlage des Käfers wird (hoch-)kopiert.

Arbeitsanleitung:

- Fragen Sie die Kinder, was sie schon über Marienkäfer wissen und lassen Sie sie frei erzählen.
- Danach betrachten die Kinder das Bild des Käfers. Sie können einzelne Körperteile benennen und diese auf dem Bild zeigen. Es kann zusätzlich auch eine der farbigen Bildkarten (z. B. die des Siebenpunkt-Marienkäfers) herumgereicht werden.
  Als Hilfe können Sie die folgenden Fragen stellen:
  – Wie sieht ein Marienkäfer aus?
  – Wie viele Beine hat ein Käfer?
  – Wie bewegt sich der Marienkäfer?
  – Wie frisst der Käfer?
  – Wo sind die Augen des Käfers?
  – Was hat der Marienkäfer auf seinem Rücken?
  – Was denkt ihr, wozu sind die Fühler des Käfers da?

Sachinformationen für die Erzieher*innen:
Der Käfer besitzt sechs Beine, mit denen er krabbeln kann. Auf seinem Rücken befinden sich zwei harte Deckflügel, unter denen zwei zarte Flügel versteckt sind, mit denen er fliegen kann. Vorne am Kopf sitzen die beiden Augen. Mit den Fühlern tastet der Käfer seine Umgebung ab. Mit den Mundwerkzeugen zerkleinert der Marienkäfer seine Nahrung.

Kopiervorlage „Marienkäfer"

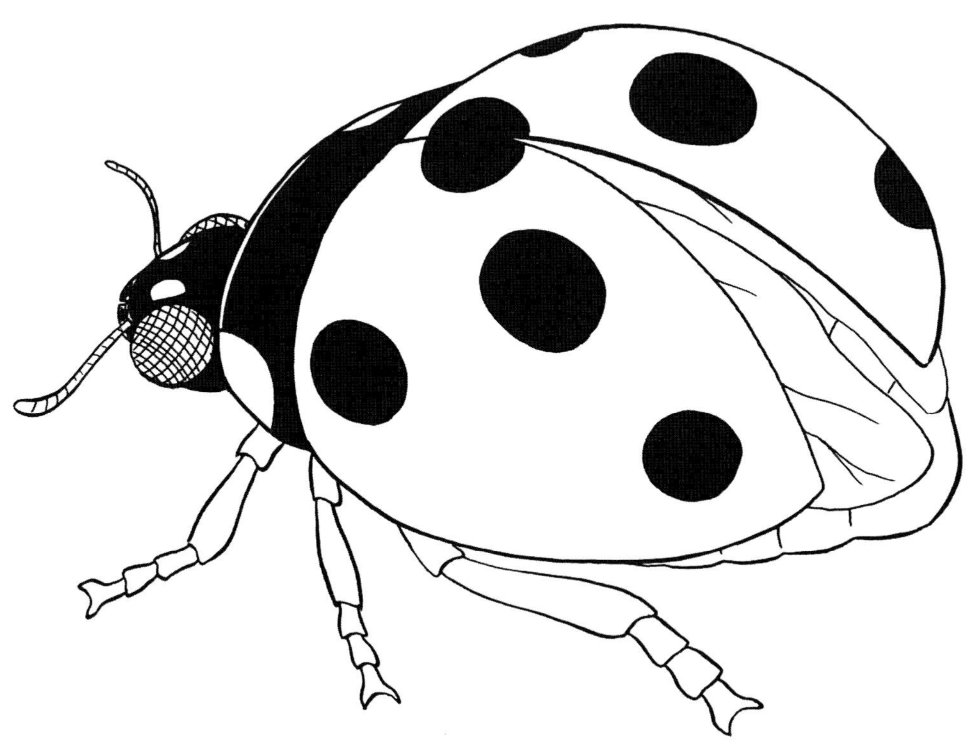

Marienkäfer-Stein

ab 2 Jahren

Material:
1 flacher Stein pro Kind, rote und schwarze Acrylstifte, Wackelaugen, Heißkleber, Klarlack

Vorbereitung:
Die Steine eventuell waschen. Jedes Kind sucht sich einen Stein aus.

Arbeitsanleitung:

1. Das Kind bemalt den Stein mit dem roten Acrylstift.
2. Wenn die Farbe getrocknet ist, malt das Kind mit dem schwarzen Acrylstift einen Kopf, einen Strich und Punkte auf den Stein.
3. Kleben Sie mit Heißkleber zwei Wackelaugen auf den Kopf des Marienkäfers.
4. Zum Schluss werden die Steine noch mit Klarlack besprüht.

ab 3 Jahren

Glücksbringer

Der Marienkäfer ist ein Glücksbringer. → Male die Glücksbringer an.

Wie viele Punkte sind es?

ab 4 Jahren

Verbinde richtig.

2	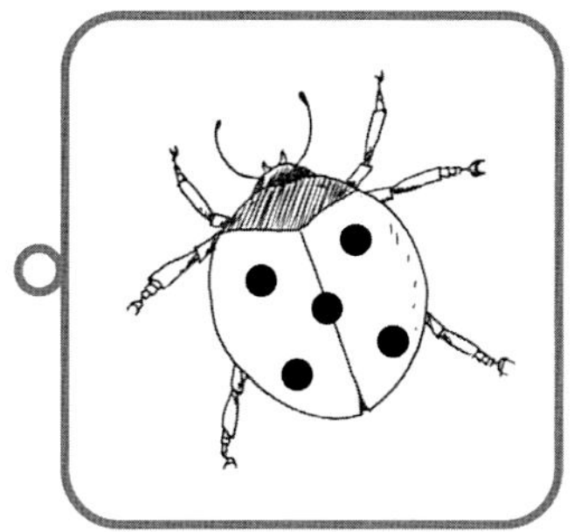
4	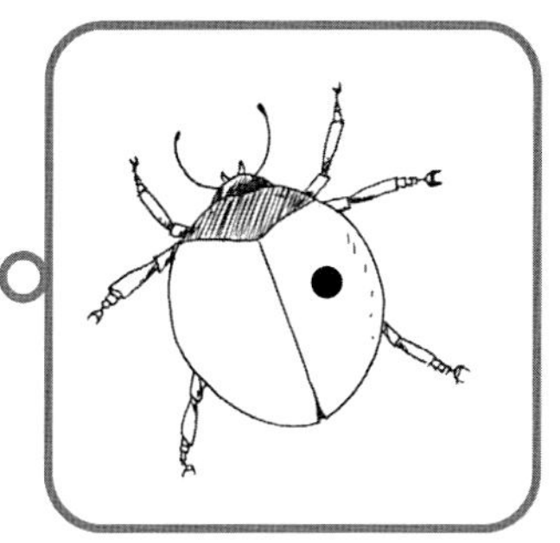
3	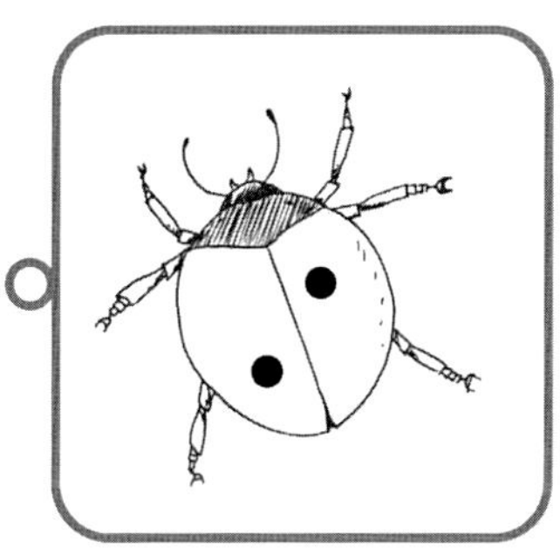
5	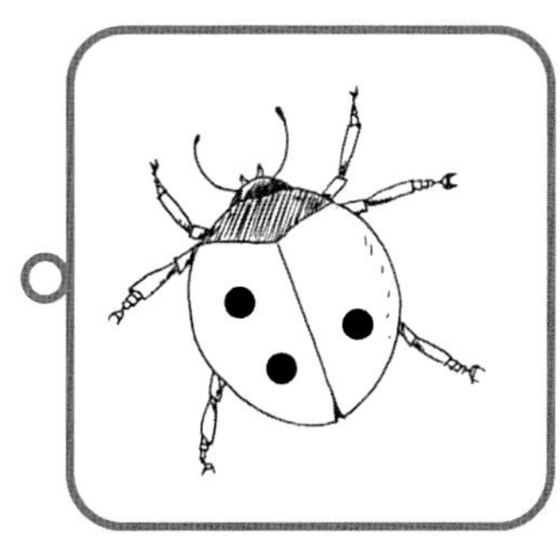
1	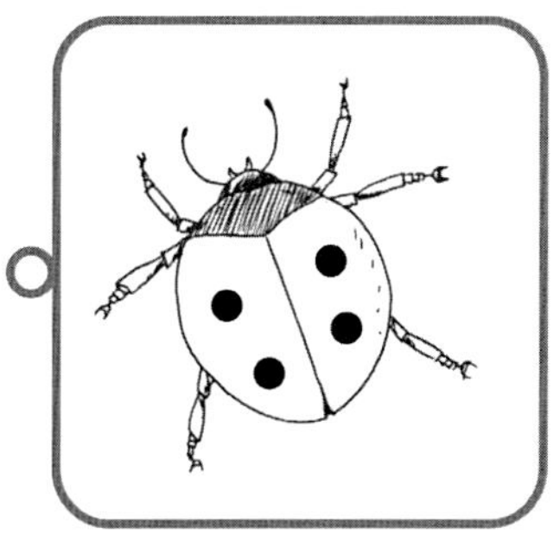

Marienkäfer-Symmetrie

ab 4 Jahren

Zeichne den Marienkäfer fertig.

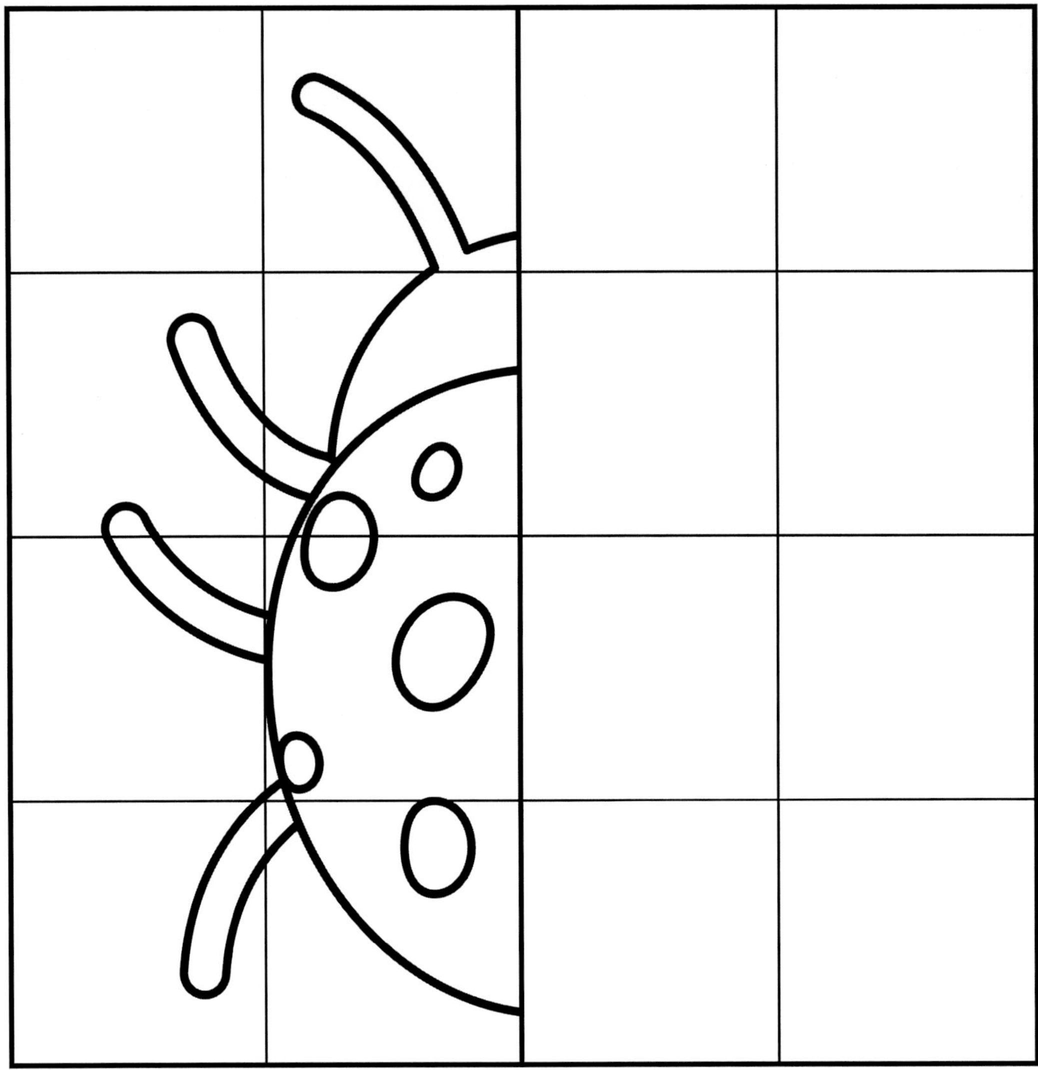

Marienkäfer-Schachtel

ab 3 Jahren

In dieser lustigen Schachtel können die Kinder kleine Schätze verstauen.

Material:
Käseschachtel, rote und schwarze Acrylfarben, Pinsel, Heißkleber, Plüschdraht, Wackelaugen, evtl. Deckweiß

Vorbereitung:
Jedes Kind bekommt eine Käseschachtel.

Arbeitsanleitung:

1. Das Kind bemalt die Schachtel mit roter Acrylfarbe.
2. Nach dem Trocknen werden mit schwarzer Farbe der Kopf, eine Mittellinie und Punkte aufgemalt.
3. Aus Plüschdraht werden Beine und Fühler geformt und mit Heißkleber angeklebt.
4. Zum Schluss werden die Wackelaugen aufgeklebt.

Hinweis:
Wenn die Schachteln von außen bedruckt sind, können sie zunächst mit Deckweiß grundiert werden.

Marienkäfer-Massagegeschichte

ab 3 Jahren

Material:
Geschichte (s. u.), Matten

Arbeitsanleitung:
Immer zwei Kinder kommen zusammen. Ein Kind legt sich mit dem Bauch auf die Matte, das andere Kind kniet daneben.

Geschichte:
Die Sonne scheint auf die Blumenwiese.
(Kind malt mit der flachen Hand Sonnenstrahlen auf den Rücken.)

Der Marienkäfer krabbelt langsam aus seinem Versteck hervor.
(Kind krabbelt auf dem Rücken mit den Fingern einer Hand von oben nach unten.)

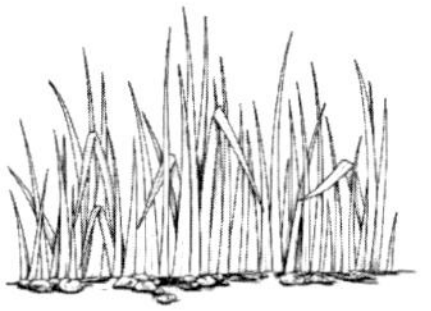

Er krabbelt durch das Gras und schaut sich überall um.
(Kind krabbelt mit den Fingern erst auf das eine Bein und dann auf das andere Bein und schließlich auf einen Fuß.)

Dann breitet er seine Flügel aus und fliegt auf einen Apfelbaum.
(Kind nimmt seine Hand vom Fuß, lässt sie durch die Luft fliegen und dann wieder oben auf dem Rücken landen. Die Finger wandern langsam hin und her.)

Auf dem Apfelbaum entdeckt der Käfer Blattläuse. Er krabbelt aufgeregt hin und her, um diese zu fressen.
(Die Finger des Kindes krabbeln oben auf dem Rücken schnell hin und her.)

Da fängt es plötzlich an zu regnen.
(Kind tippt mit den Fingerspitzen auf den Rücken.)

Der Käfer krabbelt zurück in sein Versteck.
(Kind krabbelt mit den Fingern zur Seite des Rückens.)

Hinweis: Für die Massage kann auch ein Massagekäfer genutzt werden.

Rückseite Bildkarten (1)

Bildkarten (1)

Bildkarten (2)

Rückseite Bildkarten (2)

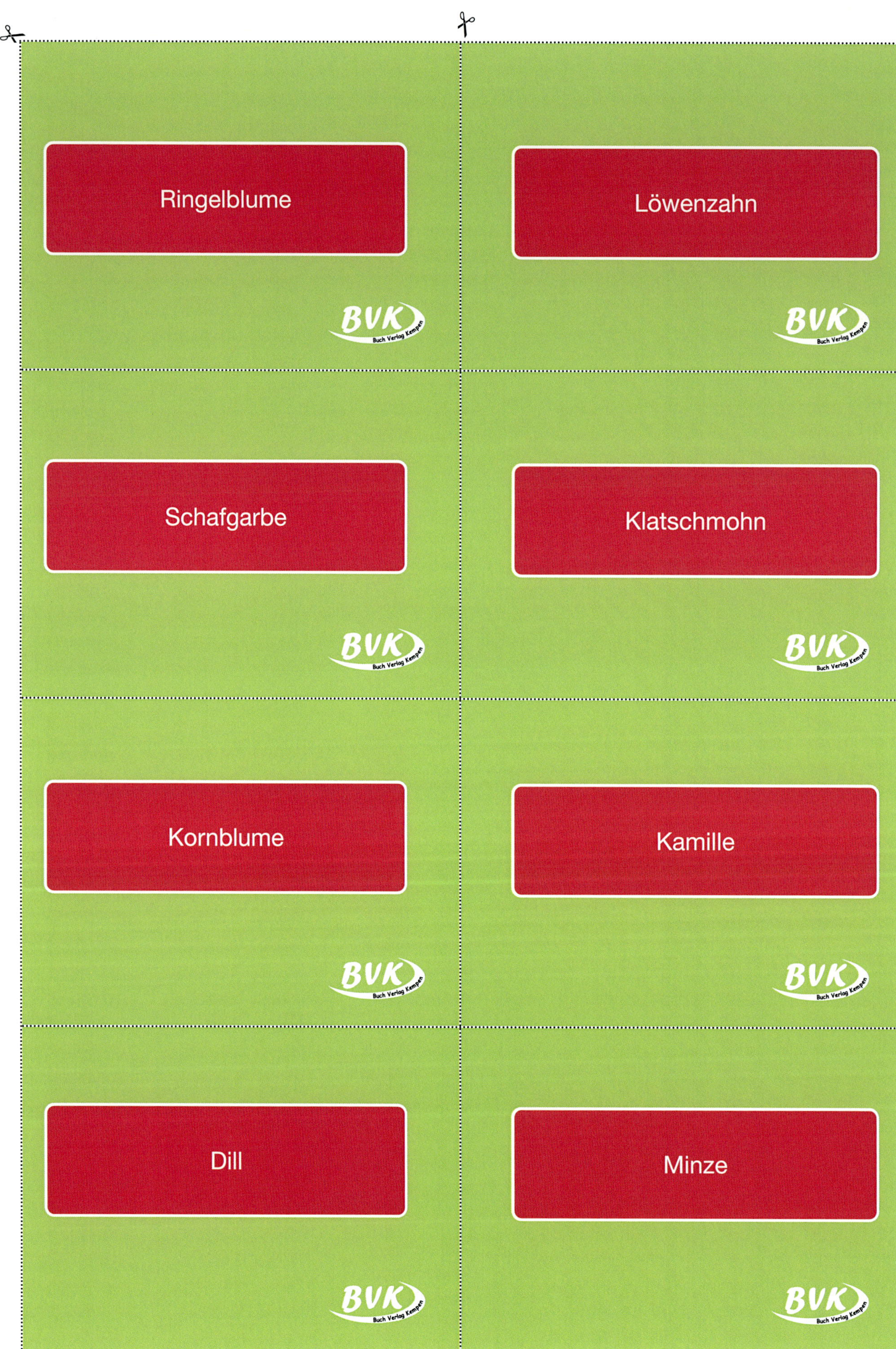

Kopiervorlage
„Die Entwicklung des Marienkäfers"

ab 4 Jahren

✂ Schneide die Teile aus und setze sie in der richtigen Reihenfolge zusammen.

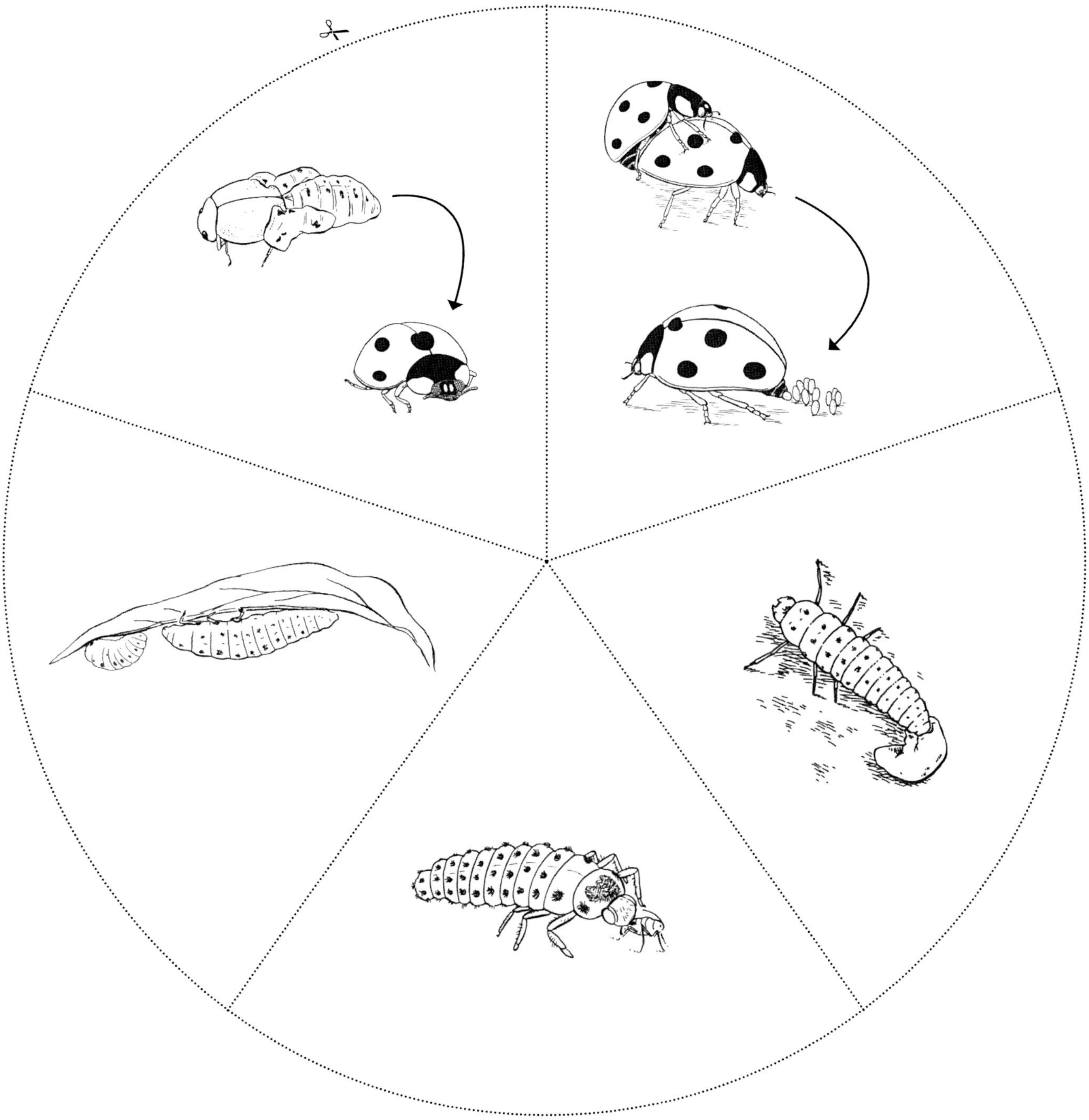

Blumen für Marienkäfer

ab 3 Jahren

Material:
farbige Bildkarten Blumen (s. Farbbogen in der Heftmitte)

Vorbereitung:
Die Bildkarten werden ausgeschnitten. Zur besseren Haltbarkeit können sie laminiert werden. Legen Sie die Bildkarten im Kreis aus.

Arbeitsanleitung:
Die Kinder betrachten die Blumen und berichten, welche Blumen sie kennen (Ringelblume, Löwenzahn, Schafgarbe, Klatschmohn, Kornblume, Kamille, Dill, Minze). Nennen Sie die anderen Blumennamen und erklären Sie, dass Marienkäfer häufig auf diesen Blumen zu finden sind, da dort auch oft viele Blattläuse leben.
Die Kinder überlegen, wo sie diese Blumen entdecken können. Gemeinsam kann ein Spaziergang gemacht werden.

ab 2 Jahren

Wimmelbild „Nahrungskette Marienkäfer"

Material:
Kopiervorlage „Wimmelbild Nahrungskette Marienkäfer " (s. S. 23)

Vorbereitung:
Die Vorlage „Wimmelbild Nahrungskette Marienkäfer" wird auf die gewünschte Größe (z. B. DIN A3) hochkopiert. Sie können das Bild farbig ausmalen.
Kopieren Sie die Vorlage eventuell auch für die Kinder. Diese können das Bild nach der gemeinsamen Betrachtung ausmalen.

Arbeitsanleitung:
Die Kinder betrachten das Bild und erzählen, was sie entdecken. Mit zusätzlichen Fragen werden die Kinder angeregt, zu erkennen, dass auf dem Bild die Nahrung des Marienkäfers (Blattläuse) und seine Feinde (Vögel, Spinne, Frosch, Eidechse, Spitzmaus) abgebildet sind.

- Was macht der Marienkäfer an der Pflanze?
- Welche anderen Tiere könnt ihr entdecken?
- Warum sind diese Tiere abgebildet?

Kopiervorlage

„Wimmelbild Nahrungskette Marienkäfer"

ab 2 Jahren

Insektenhotel

ab 3 Jahren

Material:

1 Konservendose pro Kind, Handbohrer oder Akkubohrer, Kreppband, rote und schwarze Acrylfarbe, Pinsel, 2 Kronkorken pro Kind, Schnüre, 4 Holzperlen pro Kind, schwarzer Filzstift, Heißklebepistole, Bambusrohre, Klarlack, etwas Knete

Arbeitsanleitung:

1. Bohren Sie mit einem Handbohrer oder Akkubohrer sechs Löcher für die Beine in die Dose. Auf der gegenüberliegenden Seite der Dose wird ein weiteres Loch gebohrt, um diese später aufzuhängen.
   Achten sie darauf, dass die Dose keine scharfen Kanten oder Ränder hat, an denen sich die Kinder verletzen könnten!
2. Unten an der Dose – an der geschlossenen Seite – wird rundherum ein Streifen mit Kreppband abgeklebt.
3. Die Kinder malen die Dose außen mit roter Acrylfarbe an.
4. Nach dem Trocknen wird das Kreppband abgezogen und der freie Streifen und der Boden der Dose werden mit schwarzer Farbe angemalt. Auf die rote Farbe werden schwarze Punkte gemalt. Zum Schluss werden die Farben noch mit Klarlack fixiert.
5. Auf die Innenseite von zwei Kronkorken werden zwei schwarze Punkte gemalt. Kleben Sie die Kronkorken mit der Heißklebepistole auf.
6. Durch jeweils zwei der sechs Löcher wird eine Schnur gezogen. An beide Enden wird eine Holzperle aufgefädelt und jeweils mit einem Knoten befestigt. Durch das obere Loch werden gleichzeitig die beiden Enden einer Schnur gezogen, sodass eine Schlaufe entsteht. In der Dose werden die beiden Enden miteinander verknotet
7. Dann wird auf den Boden der Dose etwas Knete gedrückt. Nun wird die Dose mit Bambusrohren gefüllt und an einem Baum aufgehängt.

Wie bewegt sich der Marienkäfer?

ab 3 Jahren

Spure nach.

Ringelblumen für Marienkäfer

ab 3 Jahren

Material:

1 Blumentopf aus Ton, bunte Acrylfarbe, Pinsel, Blumenerde, Ringelblumensamen, 1 Schaufel, Gießkanne

Arbeitsanleitung:

1. Die Kinder bemalen die Blumentöpfe mit Acrylfarbe.
2. Nach dem Trocknen füllen die Kinder Blumenerde in die Töpfe.
3. Oben auf die Erde werden einige Ringelblumensamen gelegt und leicht mit Erde bedeckt.
4. Die Samen werden mit etwas Wasser gegossen.
5. Der Blumentopf wird nach draußen gestellt.

Hinweis:

Die Ringelblume hat ihren Namen daher bekommen, dass ihre Samen gekrümmt sind.
Die Samen sind Lichtkeimer. Das bedeutet, dass die Samen nur leicht mit Erde bedeckt sein sollten.

Einen Marienkäfer beobachten

ab 2 Jahren

👁 Beobachte einen Marienkäfer.

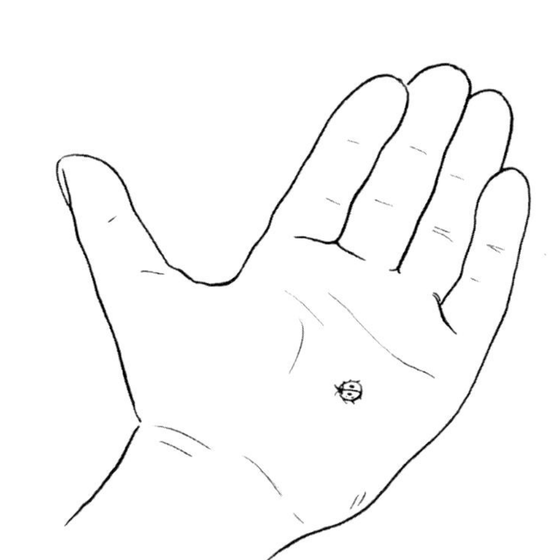

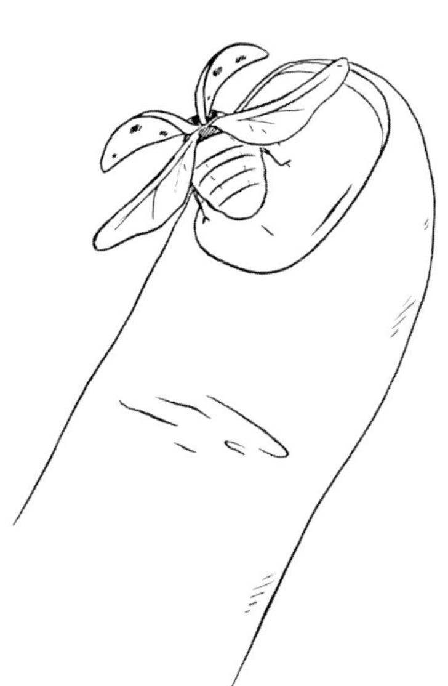

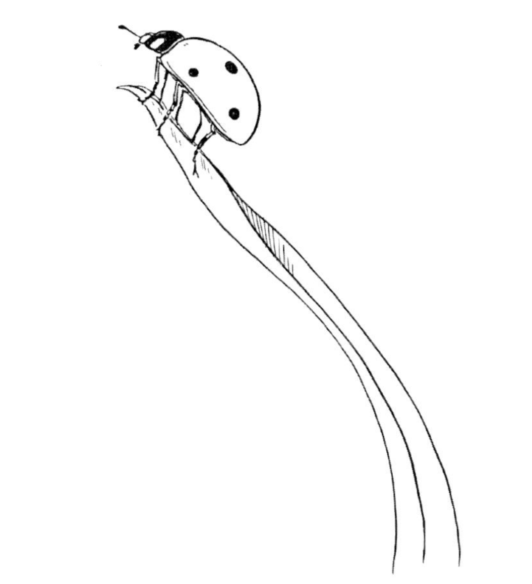

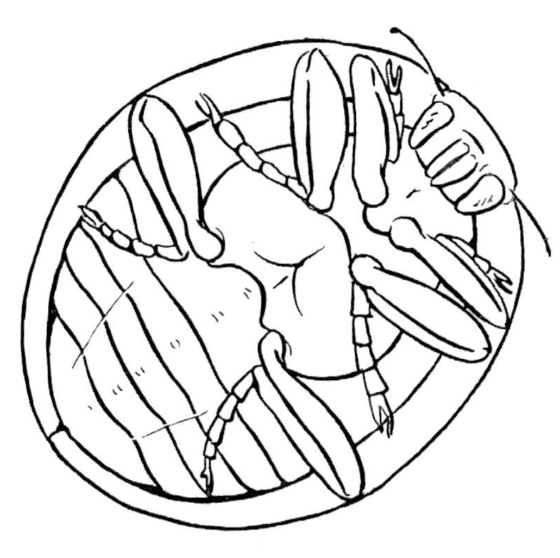

Marienkäfer im Gurkenglas

Material:

1 Gurkenglas mit Deckel, Handbohrer, Erde, einige Pflanzen (z. B. Efeu), Wasser, Zucker, Schale, Löffel

Arbeitsanleitung:

1. In den Deckel des Gurkenglases werden mit dem Handbohrer einige kleine Löcher gebohrt.
2. Unten in das Glas wird etwas Erde eingefüllt und einige Pflanzen werden eingesetzt.
3. Eine kleine Menge Wasser wird mit Zucker gemischt. Das Zuckerwasser wird auf die Blätter gegeben.
4. Die Marienkäfer werden vorsichtig in das Gurkenglas gesetzt und der Deckel wird geschlossen.
5. Nach der Beobachtung werden die Marienkäfer wieder freigelassen.

Marienkäferarten

ab 3 Jahren

Material:
farbige Bildkarten Marienkäferarten (s. Farbbogen in der Heftmitte)

Vorbereitung:
Die Bildkarten werden ausgeschnitten. Zur besseren Haltbarkeit können sie laminiert werden. Legen Sie die Bildkarten im Kreis aus.

Arbeitsanleitung:
Die Kinder betrachten die Bilder und beschreiben, wie die Käfer sich unterscheiden (Farbe, Anzahl der Punkte).
Erklären Sie, dass es verschiedene Marienkäferarten gibt und dass diese unterschiedlich viele Punkte haben.

Spiel mit den Bildkarten:
Die Karten werden durcheinander ausgelegt. Ein Kind beschreibt einen Käfer.
Die anderen Kinder versuchen, das richtige Bild zu finden. Das Kind, das auf das richtige Bild gezeigt hat, darf den nächsten Käfer beschreiben.

ab 3 Jahren

Daumenkino Marienkäfer

Material:
Kopiervorlage „Daumenkino Marienkäfer“

Vorbereitung:
Die Vorlage wird für jedes Kind kopiert.

Arbeitsanleitung:
Die Kinder schneiden die Seiten für das Daumenkino aus und legen die Karten in der richtigen Reihenfolge zu einem Büchlein hintereinander. Dabei können Sie ihnen helfen. Tackern Sie das Buch am linken Rand zusammen. Mit dem Daumen können die Kinder die Seiten schnell durchblättern und den Marienkäfer so abheben lassen.

Daumenkino Marienkäfer

ab 3 Jahren

Der Marienkäfer

2

3

4

5

6

7

8

9

10

11

12

Marienkäfer-Kopfschmuck

ab 2 Jahren

Material:
rote Farbe, Pinsel, zwei Styropor®kugeln pro Kind, ein schwarzer Haarreif pro Kind, schwarzer Plüschdraht, Heißkleber

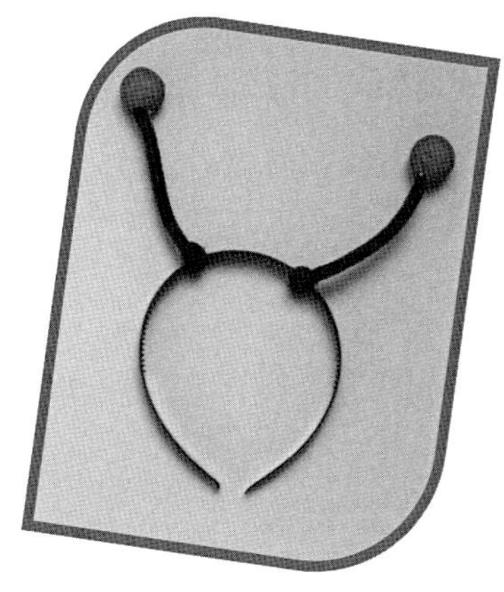

Arbeitsanleitung:

1. Die Styropor®kugeln werden mit roter Farbe angemalt.
2. Der Plüschdraht wird um den Haarreif gewickelt.
3. Befestigen Sie die Kugeln mit Heißkleber oben am Plüschdraht.

ab 2 Jahren

Marienkäferflügel basteln

Material:
1 großer roter Tonkarton pro Kind, Bleistift, 1 Schere pro Kind, Korken, schwarze Wasserfarbe, 1 Stück Karton, Cutter, 2 Gurte, Heißkleber

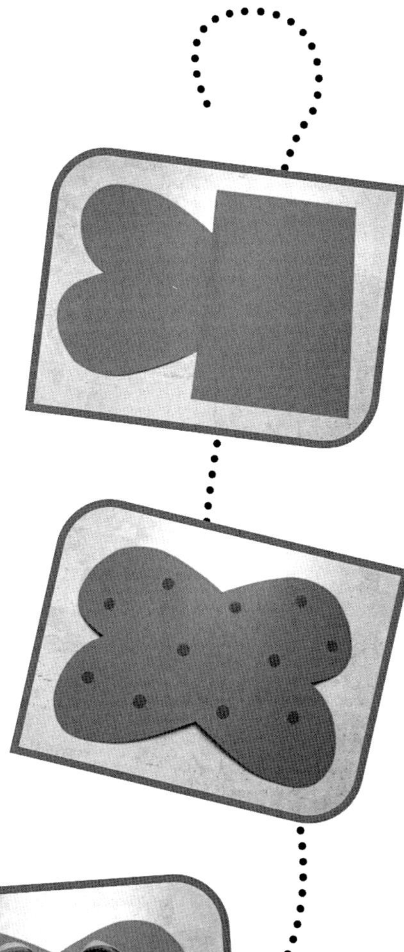

Arbeitsanleitung:

1. Der rote Bogen Tonkarton wird in der Mitte gefaltet. Auf die eine Seite wird ein Flügel aufgezeichnet. Dieser wird auf die andere Seite geklappt und auf den Tonkarton übertragen.
2. Das Kind schneidet die Flügel aus.
3. Das runde Ende des Korkens wird mit schwarzer Wasserfarbe angemalt. Mit dem Korken tupft das Kind schwarze Punkte auf die Flügel.
4. In ein Stück Karton werden unten mit dem Cutter jeweils zwei Schlitze geschnitten. Oben werden die Gurte mit Heißkleber befestigt und unten durch die Schlitze gezogen.
   Anschließend wird der Karton mit dem Heißkleber von hinten auf die Marienkäferflügel geklebt.

Auf der Mauer, auf der Lauer sitzt ein kleiner Käfer

ab 2 Jahren

Melodie: traditionell nach „Auf der Mauer, auf der Lauer"
(nach Georg Lehmann 1890), Text: Svenja Ernsten

2. Auf der Mauer, auf der Lauer, sitzt ein kleiner Käfe.
   Auf der Mauer, auf der Lauer sitzt ein kleiner Käfe.
   Seht euch mal den Käfe an, wie der Käfe tanze kann.
   Auf der Mauer, auf der Lauer, sitzt ein kleiner Käfe.

3. Auf der Mauer, auf der Lauer, sitzt ein kleiner Käf.
   Auf der Mauer, auf der Lauer sitzt ein kleiner Käf.
   Seht euch mal den Käf an, wie der Käf tan kann.
   Auf der Mauer, auf der Lauer, sitzt ein kleiner Käf.

4. Auf der Mauer, auf der Lauer, sitzt ein kleiner Kä.
   Auf der Mauer, auf der Lauer sitzt ein kleiner Kä.
   Seht euch mal den Kä an, wie der Kä ta kann.
   Auf der Mauer, auf der Lauer, sitzt ein kleiner Kä.

5. Auf der Mauer, auf der Lauer, sitzt ein kleiner K.
   Auf der Mauer, auf der Lauer sitzt ein kleiner K.
   Seht euch mal den K an, wie der K t kann.
   Auf der Mauer, auf der Lauer, sitzt ein kleiner K.

6. Auf der Mauer, auf der Lauer, sitzt ein kleiner … .
   Auf der Mauer, auf der Lauer sitzt ein kleiner … .
   Seht euch mal den … an, wie der … … kann.
   Auf der Mauer, auf der Lauer, sitzt ein kleiner … .

Marienkäfer-Kekse

ab 2 Jahren

Zutaten:
400 g Mehl, 2 TL Backpulver, 150 g Margarine, 150 g Zucker, 2 Päckchen Vanillezucker, 2 Eier, dunkle Schokoglasur, weißer Zuckerguss, rote Lebensmittelfarbe, (braune) Schokolinsen, weiße Zuckerschrift

Arbeitsmittel:
1 Waage, 1 Schüssel, 1 Teelöffel, 1 Handrührgerät mit Knethaken, Frischhaltefolie, Kühlschrank, 1 Teigrolle, Gläser mit rundem Rand, Messer, Backofen, 1 Backblech mit Backpapier, 1 Teller, 1 Löffel, Schälchen

Zubereitung:

1. Das Mehl wird abgewogen und in die Schüssel gegeben. Es wird mit dem Backpulver vermischt.
2. Die Margarine, der Zucker, der Vanillezucker und die Eier werden dazugegeben.
3. Die Zutaten werden zunächst mit dem Knethaken und anschließend noch mit den Händen gut durchgeknetet.
4. Mit den Händen wird eine Kugel aus dem Teig geformt. Diese wird in Frischhaltefolie eingewickelt und ungefähr eine halbe Stunde in den Kühlschrank gelegt.
5. Der Teig wird auf einer Arbeitsfläche etwa 1 cm dick ausgerollt. Mit den Gläsern werden runde Plätzchen ausgestochen. Diese werden unten bis zur Hälfte eingeschnitten und dann vorsichtig auseinandergezogen, sodass zwei Flügel entstehen.
6. Die Plätzchen werden auf ein Backblech mit Backpapier gelegt und bei 175 °C Umluft ungefähr 20 Minuten im Backofen gebacken.
7. Nach dem Abkühlen werden die Plätzchen verziert. Dazu wird der obere Rand mit einem Löffel mit dunkler Schokoglasur bestrichen. Der weiße Zuckerguss wird mit roter Lebensmittelfarbe vermischt und auf die Flügel verteilt. Auf jedem Flügel werden zwei Schokolinsen in den Zuckerguss gedrückt.
8. Sobald die dunkle Schokolade getrocknet ist, werden noch zwei Augen mit weißer Zuckerschrift aufgemalt.

Glutenfreie / Laktosefreie Variante:
Das Mehl kann durch glutenfreies Mehl ersetzt werden. Auch bei der Schokolade und den Schokolinsen sollte auf eine glutenfreie / laktosefreie Marke geachtet werden. Infos hierzu gibt es zum Beispiel unter: *www.codecheck.info*

Marienkäfer-Karte

ab 3 Jahren

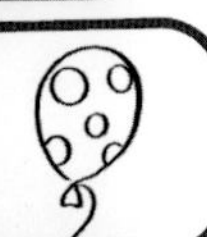

Material:

schwarzer und roter Tonkarton, 1 Schere pro Kind, 1 Prickelnadel pro Kind, Bleistift, schwarzer Stift, Kleber, 1 Musterklammer pro Kind, 2 Wackelaugen pro Kind, Locher

Arbeitsanleitung:

1. Der große und der kleine Kreis werden auf schwarzen Tonkarton übertragen und ausgeschnitten. Der kleine Kreis wird als Kopf hinten auf den großen Kreis geklebt.
2. Der große Kreis wird auf roten Tonkarton übertragen und ausgeschnitten. In der Mitte wird der Kreis einmal durchgeschnitten, sodass zwei Hälften entstehen.
3. Sie können den Kreis mit dem Text ergänzen und ausschneiden. Er wird auf den großen schwarzen Kreis geklebt.
4. In die beiden Flügel werden oben mit der Prickelnadel zwei Löcher gebohrt. Diese werden mit einer Musterklammer am Kopf des Marienkäfers befestigt, sodass sie auf- und zugeklappt werden können.
5. Auf den Kopf des Marienkäfers werden noch zwei Wackelaugen aufgeklebt.
6. Mit dem Locher werden mehrere Kreise aus dem schwarzen Tonkarton ausgestanzt. Diese werden mit Kleber auf die Flügel geklebt. Für die Nase wird ein roter Kreis mit dem Locher ausgestanzt und festgeklebt.

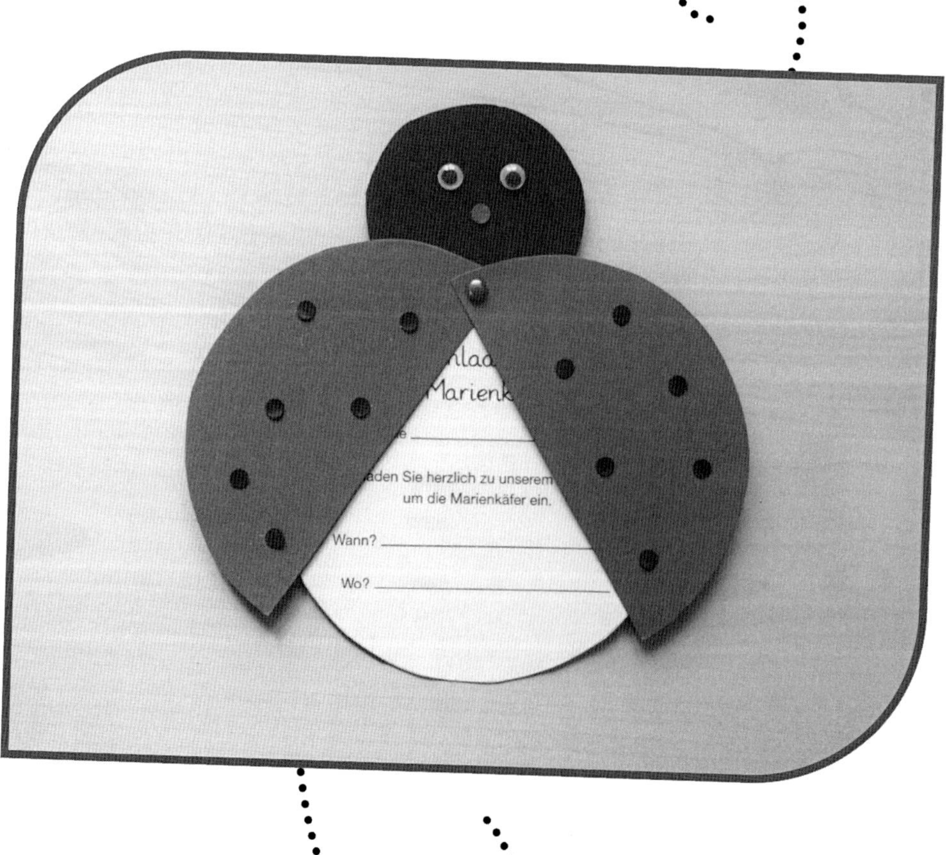

Kopiervorlage „Marienkäfer-Karte"

ab 3 Jahren

Flügel

Kopf

Körper

Einladung
zum Marienkäfer-Fest

Liebe Familie ______________________________ !

Wir laden Sie herzlich zu unserem Fest rund um die Marienkäfer ein.

Wann? ______________________________

Wo? ______________________________

Marienkäfer-Fest

Aus den folgenden Angeboten kann ein Marienkäfer-Fest gestaltet werden. Alternativ kann das Marienkäfer-Fest in ein Jahreszeiten-Fest integriert werden.

Einladung:

Kopiervorlage „Marienkäfer-Karte“ (s. S. 34 / 35)

Dekoration:

Marienkäfer-Wiese (s. S. 7)
Marienkäfer-Stein (s. S. 12)
Insektenhotels (s. S. 24)

Verpflegung:

Marienkäfer-Kekse (s. S. 33)

Vorführung:

- Die Kinder singen gemeinsam das Lied „Kleiner Käfer“ (s. S. 5) und präsentieren dazu ihre Fingerpuppen (s. S. 6).
- Einige Kinder können eine kurze Vorführung zum Lied „Erst kommt der Marienkäfer-Papa (s. S. 9) einüben. Dazu können die Kinder sich vorab selbst einen Marienkäfer-Kopfschmuck und Marienkäferflügel (s. S. 31) basteln. Die Kinder singen das Lied gemeinsam. Einige der Kinder laufen zum Text hintereinander in den Raum hinein.

Stationen für die Besucher:

- „Die Entwicklung des Marienkäfers“ (s. S. 21): Die Puzzleteile von der Seite können vorab laminiert werden. Die Besucher versuchen, das Puzzle richtig zusammenzusetzen. Die Kinder können Tipps und Erklärungen geben.

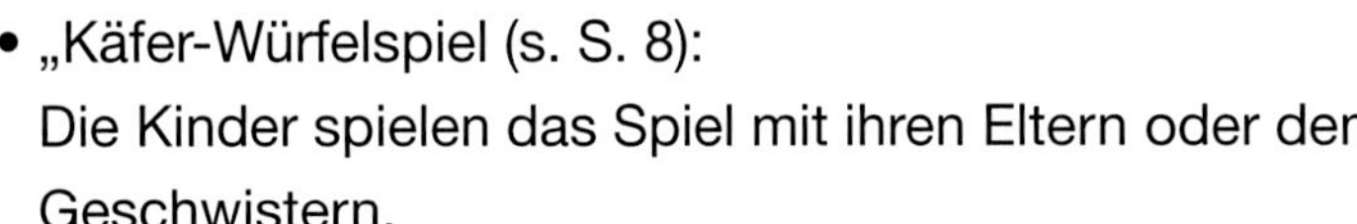

- „Käfer-Würfelspiel (s. S. 8): Die Kinder spielen das Spiel mit ihren Eltern oder den Geschwistern.
- Ringelblumen für Marienkäfer (s. S. 26): Tontöpfe können bunt bemalt und mit Ringelblumensamen bepflanzt werden. Die Kinder helfen als Experten.